мактаб - a skoro	2
саёҳат - a koiri	5
транспорт - a transport	8
шаҳар - a foto	10
манзара - a landschap	14
ресторан - a restaurant	17
супермаркет - a wenkri	20
ичимликлар - a dringi	22
таом - a nyan	23
чорвачилик хўжалиги - a burugron	27
уй - a oso	31
меҳмонхона - a foroisi	33
ошхона - a botrali	35
ваннахона - a was oso	38
болалар хонаси - a pikin kamra	42
кийим - a krosi	44
идора - a kantoro	49
иқтисод - a ekonomia	51
касблар - den kari	53
асбоблар - a wrokosani	56
мусиқа асбоблари - den poku sani	57
ҳайвонот боғи - a meti dyari	59
спорт ўйинлари - a sport	62
машғулот - den aktifiteit	63
оила - a famiri	67
тана - a skin	68
шифохона - a ati oso	72
тез ёрдам - a nowtu	76
Ер - a grontapu	77
соат - oloisi	79
ҳафта - a wiki	80
йил - a yari	81
шакллар - den form	83
ранглар - kloru	84
қарама-қарши маъноли сўзлар - difrenti	85
рақамлар - den nomru	88
тиллар - den tongo	90
ким / нима / қандай - suma / sang / fa	91
қаерда - pe	92

Impressum
Verlag: BABADADA GmbH, Nedderfeld 112 , 22529 Hamburg
Geschäftsführer / Verlagsleitung: Harald Hof
Druck: Books on Demand GmbH, In de Tarpen 42, 22848 Norderstedt

Imprint
Publisher: BABADADA GmbH, Nedderfeld 112 , 22529 Hamburg, Germany
Managing Director / Publishing direction: Harald Hof
Print: Books on Demand GmbH, In de Tarpen 42, 22848 Norderstedt

мактаб
a skoro

- бўлмоқ / prati
- доска / a bord
- синф / a klas
- мактаб ҳовлиси / a skoro dyari
- ўқитувчи / a leriman
- қоғоз / a papira
- ёзмоқ / skrifi
- ручка / a pen
- иш столи / a tafra
- линейка / a lati
- китоб / a buku
- ўқувчи / a studenti

осма сумка
a skorotas

қаламдон
a kisi

қалам
a skriftiki

қалам учлагич
a srapu

ўчиргич
a sisibi

расм албоми
a prenki buku

чизмачилик
a prenki

бўёқ чўтка
a kwasi

бўёкдон
a ferfidosu

қайчи
a sisei

елим
a gomma

машғулот дафтари
a skrifbuku

уй иши
a skorowroko

рақам
a nomru

қўшмоқ
teri

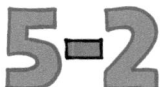

айирмоқ
koti

кўпайтирмоқ
vermenigvuldig

ҳисобламоқ
teri

хат
a brifi

алифбо
a alfabet

сўз
a wortu

мактаб - a skoro

 матн a wortu	 ўқимоқ lesi	 бўр a kreiti
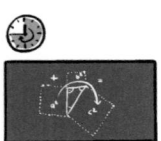 дарс a yuru	 журнал a klasbuku	 имтиҳон a examen
 гувоҳнома a skoropapira	 мактаб формаси a sem skoro krosi	 таълим a skoro
 қомус a encyklopedie	 олийгоҳ a unifersiteit	 микроскоп a mikroskoop
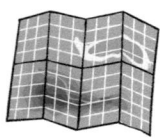 харита a karta	 урна a doti embre	

саёҳат
a koiri

меҳмонхона
a hotel

сайёҳлар ётоқхонаси
a hostel

пул айирбошлаш шаҳобчаси
a kenki kantoro

чемодан
a kofru

машина
a wagi

тил
a tongo

ҳа / йўқ
ai / no

Хўп
afen

салом
Ei!

таржимон
a torku

Раҳмат
Grantangi

саёҳат - a koiri

неча пул...?
O meni...?

Тушунмадим
Mi ne ferstan

муаммо
a problema

Хайрли кеч!
Kuneti!

Хайрли тонг!
Morgu!

Хайрли тун!
Kuneti!

кўришгунча
Adyosi!

йўналиш
a beni

йўловчи юки
a bagasi

сафархалта
a tas

юк халта
a tas

меҳмон
a fisiti

хона
a kamra

уйқуқоп
a sribi saka

чодир
a tenti

саёҳат - a koiri

саёҳларга маълумот
бериш столи

a reiskantoro

пляж

a sekanti

омонат карта

a kreditkarta

нонушта

a mamanten nyanyan

нонушта

nyanyan

кечки овқат

a nyanyan

чипта

a karta

лифт

a lift

марка

a stampu

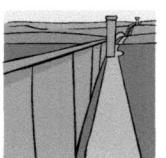

чегара

a lanki

божхона

a douane

элчихона

a ambassade

виза

a fisa

паспорт

a pasportu

саёҳат - a koiri

транспорт
a transport

самолет — a isrifowru

кема — a boto

ўт ўчирувчи машина — a brandweerwagi

автобус — a bus

юк автомобили — a wagi

моторли қайиқ — a motro boto

машина — a wagi

велосипед — a baisigri

солсимон ясси кема

a pondo

қайиқ

a boto

мотоцикл

a motro

посбон машинаси

a skowtu wagi

пойга машинаси

a streilon wagi

ижарага олинган автоулов

a yuru wagi

транспорт - a transport

автоижара	шатакка олувчи юк автомобили	ахлат машинаси
a wagi prati	a takelwagi	a doti wagi

мотор	ёқилғи	ёқилғи қуйиш шаҳобчаси
a motro	a oli	a oli pompu

 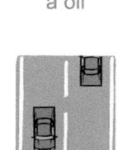 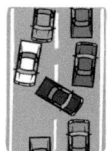

йўл белгиси	йўл ҳаракати	тирбанд
a ferkeermarki	a ferkeer	a reylo

автомобил тўхтаб туриш жойи	поезд бекати	рельс
a parkeerpresi	a lokopresi	den rail

 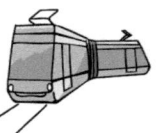 

поезд	трамвай	вагон
a loko	a loko	a wagi

транспорт - a transport

вертолёт
a helikopter

аэропорт
a opolangi

минора
a fortresi

йўловчи
a pasasir

контейнер
a kontainer

қоғоз қути
a doso

аравача
a wagi

сават
a baskita

учмоқ / қўнмоқ
opo go / saka

шаҳар
a foto

қишлоқ
a dorpu

шаҳар маркази
a fotosei

уй
a oso

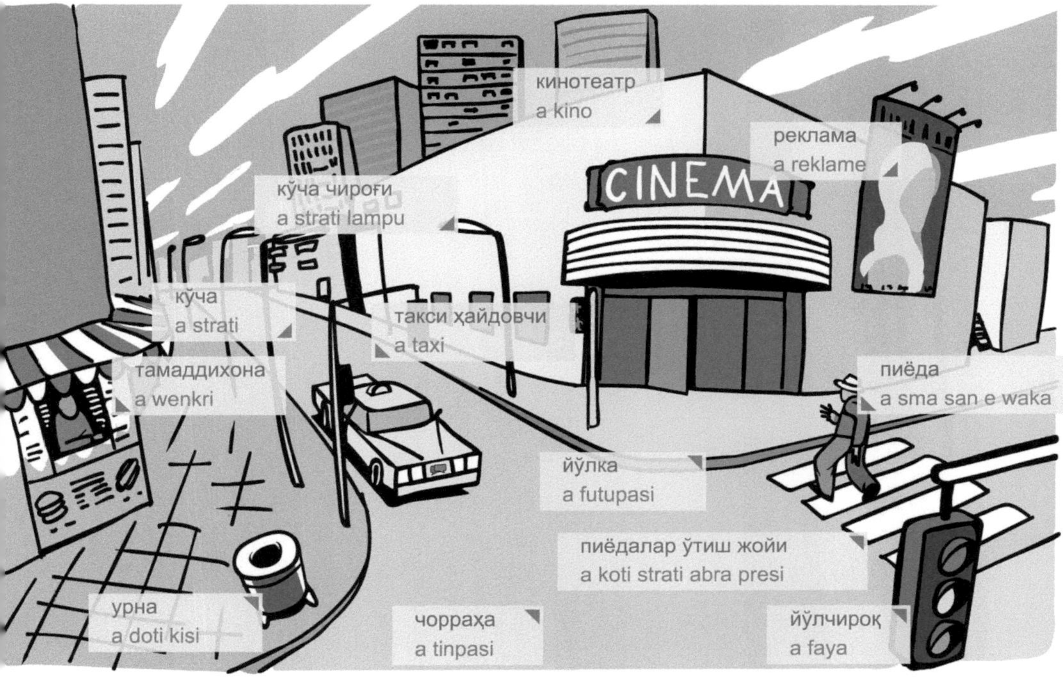

кинотеатр
a kino

реклама
a reklame

кўча чироғи
a strati lampu

кўча
a strati

такси ҳайдовчи
a taxi

пиёда
a sma san e waka

тамаддихона
a wenkri

йўлка
a futupasi

пиёдалар ўтиш жойи
a koti strati abra presi

урна
a doti kisi

чорраҳа
a tinpasi

йўлчироқ
a faya

кулба
a kampu

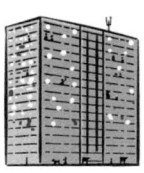

квартира
a oso

поезд бекати
a lokopresi

маҳаллий ҳокимият биноси
a foto oso

музей
a museum

мактаб
a skoro

шаҳар - a foto

олийгоҳ
a unifersiteit

банк
a bangi

шифохона
a ati oso

меҳмонхона
a hotel

дорихона
a apteiki

идора
a kantoro

китоб дўкони
a buku winkri

дўкон
a wenkri

гул дўкони
a bromki winkri

супермаркет
a wenkri

бозор
a wowoyo

универмаг
a wowoyo

балиқ дўкони
a fisi seri man

савдо маркази
a bigi wenkri

бандаргоҳ
a lanpresi

шаҳар - a foto

 истироҳат боғи a park	 банк a bangi	 кўприк a broki
 зинапоя a trapu	 метро a fatyawagi	 ер ости йўли a ondrogron-strati
 автобус бекати a bushalte	 бар a bar	 ресторан a restaurant
 почта қутиси a brifibus	 кўча ёзув осма тахтаси a strati nen marki	 тўхтаб туриш вақтини ҳисоблагич a parkeer marki
 ҳайвонот боғи a meti dyari	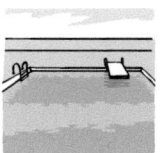 бассейн a swen presi	 масжид a gado-oso

шаҳар - a foto

чорвачилик хўжалиги
a burugron

атроф-муҳит
ифлосланиши
a doti sani

қабристон
a berpe

ибодатхона
a kerki

болалар ўйингоҳи
a prei presi

эҳром
a gado-oso

манзара
a landschap

япроқ — a wiwiri
йўлкўрсатгич — a pasi marki
йўл — a pasi
ўтлоқ — a wei
тош — a ston
дарахт — a bon
пиёда сайёҳ — a koiri sma
дарё — a libi
майса — a grasi
гул — a bromki

манзара - a landschap

 водий a lagi presi	 қир a lebriki	 кўл a fisi-olo
 ўрмон a busi	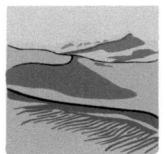 чўл a dreisabana	 вулкан a bergi
 қалъа a ridder-oso	 камалак a alenbo	 қўзиқорин a todoprasoro
 пальма дарахти a palmbon	 пашша a maskita	 чивин a freifrei
 чумоли a mira	 асалари a waswasi	 ўргимчак a anansi

манзара - a landschap

қўнғиз
a asege

қурбақа
a todo

олмахон
a bonboni

типратикон
a agidya

қуён
a kon koni

укки
a owru kuku

қуш
a fowru

оққуш
a gansi

эркак чўчқа
a werder agu

буғу
a dia

бутоқ шохли кийик
a dia

тўғон
a dan

шамол генератори
a winti miri

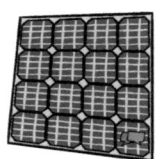
қуёш батареяси
a son planga

иқлим
a weer

манзара - a landschap

ресторан
a restaurant

официант
a diniman

таомнома
a nyankarta

стул
a sturu

шӯрва
a supu

пицца
a pissa

ошхона анжомлари
nefi nanga forku

дастурхон
tafra duku

газак
a fesi nyanyan

асосий таом
a moro prenspari sortu nyan

десерт
a switi sani

ичимликлар
a dringi

таом
a nyan

бутилка
a batra

тез пишар таом
a fastfood

кўча таоми
strati nyanyan

чойнак
a tépatu

шакардон
sukru patu

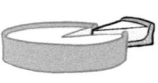

порция
a krab'patu

эспрессо кофе машинаси
a espressomasyin

болалар курсичаси
a pikin sturu

ҳисоб
a borgu

лаган
a brakri

пичоқ
a nefi

санчқи
a forku

қошиқ
a spun

чой қошиқ
a téspun

қўл сочиқ
a servet

стакан
a grasi

ресторан - a restaurant

ликоп
a preti

шўрва коса
a supu preti

тақсимча
a skotriki

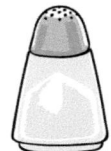

қайла
a sowsu

туздон
a sowtupatu

қалампир янчгич
a pepre miri

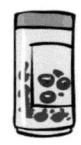 

сирка
a asin

ёғ
a oli

зираворлар
den specerij

кетчуп
a ketchup

хантал
a mosterd

майонез
a mayonaise

ресторан - a restaurant

супермаркет
a wenkri

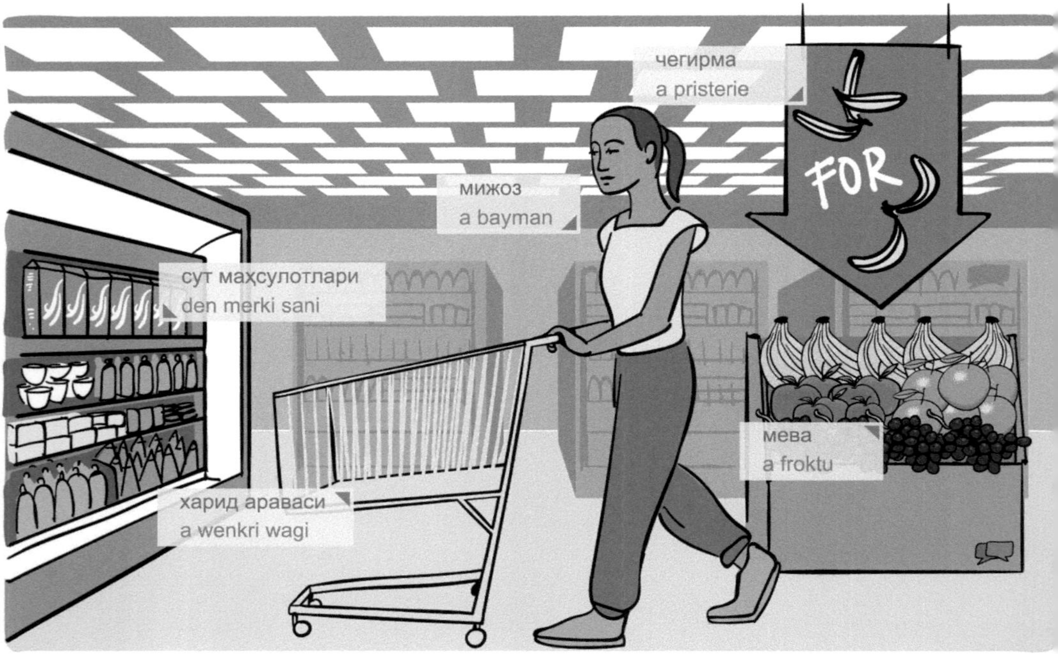

чегирма
a pristerie

мижоз
a bayman

сут маҳсулотлари
den merki sani

мева
a froktu

харид араваси
a wenkri wagi

қассобхона
a srakti-oso

нонвойхона
a bakri-oso

тарозида ўлчамоқ
wegi

сабзавот
a gruntu

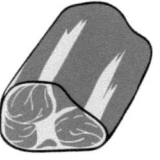

гўшт
a meti

музлатилган таомлар
den ijskasi sani

супермаркет - a wenkri

 яхна гӯшт a kowru meti	 консерва a blik nyan	 кир ювиш воситаси a wasi sani
 ширинликлар a switi sani	 кундалик истеъмол моллар den oso sani	 ювиш воситалари a sani fu krin
 сотувчи a seri sma	 касса аппарати a kas	 ғазначи a kasman
 харид рӯйхати a bai marki	 иш вақти den opo yuru	 ҳамён a portmoni
 омонат карта a kreditkarta	 халта a tas	 целлофан халта a plastik saka

супермаркет - a wenkri

ичимликлар
a dringi

сув

a watra

шарбат

a sap

сут

a merki

кока-кола

a kola

вино

a win

пиво

a biri

спиртли ичимлик

a sopi

какао

a skrati

чой

a té

кофе

a kofi

эспрессо

a espresso

капучино

a kappuccino

таом
a nyan

банан
a bakba

олмахон
a apra

апельсин
a apresina

қовун
a watramun

лимон
a sitrun

сабзи
a rutu

саримсоқ
a konofroku

бамбук
a bambu

пиёз
a aiun

қўзиқорин
den todoprasoro

ёнғоқ
den noto

лағмон
a pasta

спагетти	гуруч	салат
a spaghetti	a alesi	a salade

картошка-фри	қовурилган картошка	пицца
a patata	den baka patata	a pissa

гамбургер	сэндвич	тўқмоқланган тўш қиймаси
a burger	a brede	a schnitsel

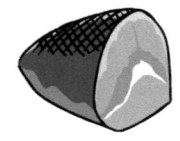

дудланган чўчқа гўшти	салями колбасаси	сосиска
a ameti	a salami	a worst

товуқ гўшти	қовурилган	балиқ
a kafowru	a bakadina	a fisi

таом - a nyan

сули бўтқаси
a hafermout

мюсли
a muesli

маккажўхори ёрмаси
den karuflakes

ун
a blon

француз булочкаси
a croissant

булочка
den brede

нон
a brede

қизартирилган нон бўлаги
a baka brede

пишириқ
a buskutu

сариёғ
a botro

творог
a kwark

пирог
a kuku

тухум
a eksi

қовурилган тухум
a baka eksi

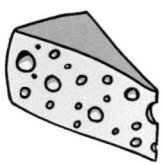
пишлоқ
a kasi

таом - a nyan

музқаймоқ
a ice-cream

шакар
a sukru

асал
a oni

мураббо
a jam

шоколад пастаси
a sukruskrati pasta

зарчава
a kerrie

таом - a nyan

чорвачилик хўжалиги
a burugron

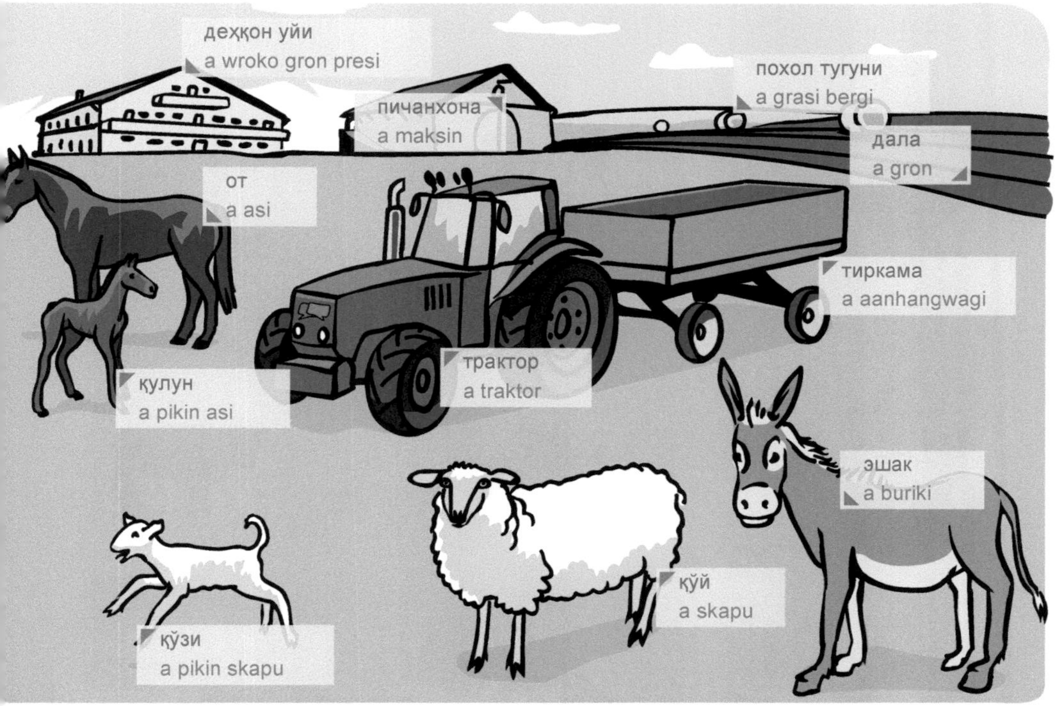

деҳқон уйи
a wroko gron presi

пичанхона
a maksin

похол тугуни
a grasi bergi

дала
a gron

от
a asi

тиркама
a aanhangwagi

қулун
a pikin asi

трактор
a traktor

эшак
a buriki

қўй
a skapu

қўзи
a pikin skapu

эчки
a krabita

сигир
a kaw

бузоқ
a pikin kaw

чўчқа
a agu

чўчқа боласи
a pikin agu

буқа
a burkaw

ғоз
a gansi

ўрдак
a doksi

жўжа
a pikin fowru

товуқ
a fowru

хўроз
a kakafowru

каламуш
a alata

мушук
a puspusi

сичқон
a moismoisi

ҳўкиз
a burkaw

ит
a dagu

каталак
a dagu pen

ҳовли боғ шланги
a tuinslang

гулчелак
a watra kan

белўроқ
a nefi

темир омоч
a pluga

чорвачилик хўжалиги - a burugron

қўлўроқ
a babun-nefi

чопқи
a tyapu

паншаха
a forku

болта
a beyri

ғалтакарава
a kroiwagi

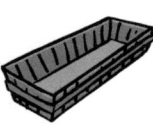
охур
a baki

сут бидони
a merki kan

тўрва
a saka

панжара
a skotu

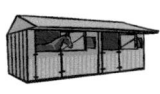
оғилхона
a pen

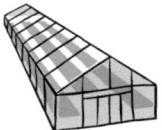
иссиқхона
a grun kasi

тупроқ
a gron

уруғ
a siri

ўғит
a doti

комбайн
a maaidorser

чорвачилик хўжалиги - a burugron

ҳосил олмоқ

koti

йиғим-терим

a nyanyan

ямс

a yami

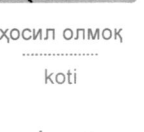

буғдой

a aleisi

соя

a soja

картошка

a patata

маккажўхори

a karu

рапс уруғи

a koro siri

мевали дарахт

a froktu bon

маниок

a kasaba

ёрма

den siri

чорвачилик хўжалиги - a burugron

уй
a oso

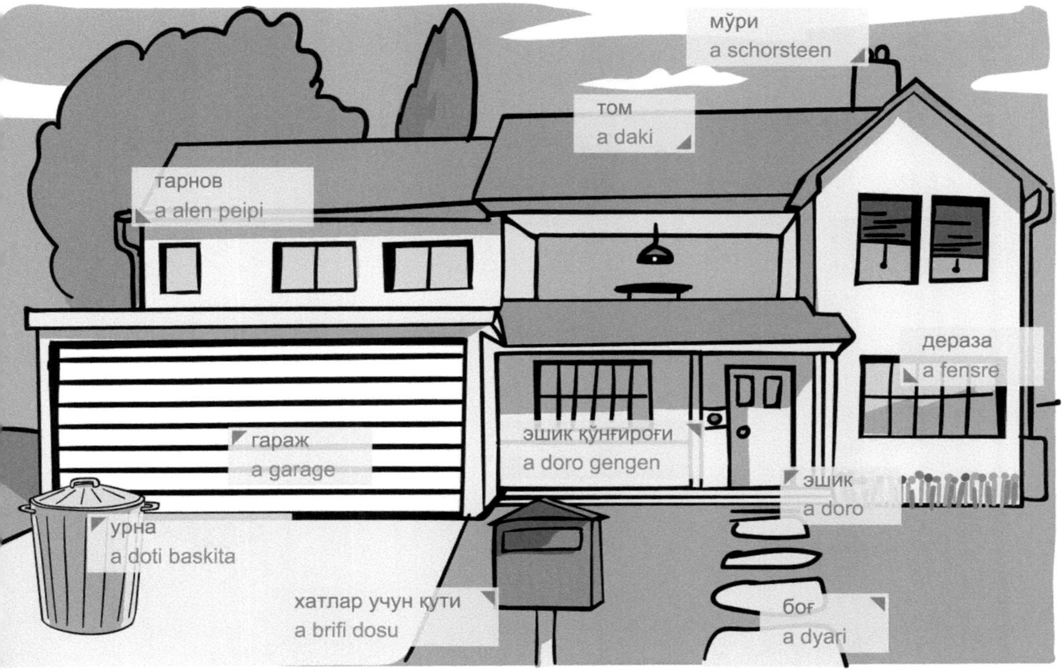

мўри
a schorsteen

том
a daki

тарнов
a alen peipi

дераза
a fensre

гараж
a garage

эшик қўнғироғи
a doro gengen

эшик
a doro

урна
a doti baskita

хатлар учун қути
a brifi dosu

боғ
a dyari

меҳмонхона
a foroisi

ваннахона
a was oso

ошхона
a botrali

ётоқхона
a sribikamra

болалар хонаси
a pikin kamra

ошхона
a nyanyan kamra

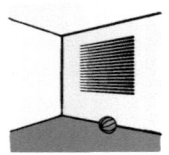 пол a gron	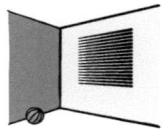 девор a skotu	 шип a plafon
 подвал a kedre	 сауна a sauna	 болохона айвони a barkon
 айвон a terras	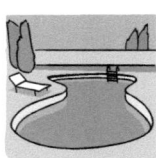 бассейн a swen presi	 ўт ўргич машина a waimasyin
 кўрпажилд a sribikrosi	 чойшаб a sribikrosi	 кроват a bedi
 супурги a sisibi	 пақир a embre	 мурват a san fu leti faya

уй - a oso

меҳмонхона
a foroisi

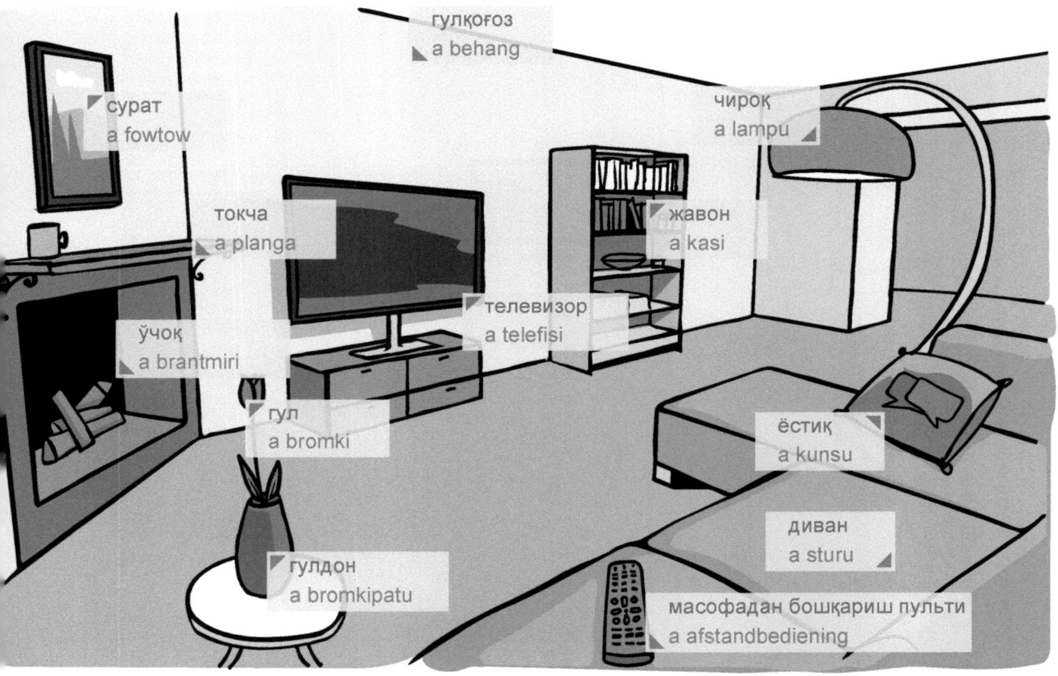

- гулқоғоз — a behang
- сурат — a fowtow
- чироқ — a lampu
- токча — a planga
- жавон — a kasi
- ўчоқ — a brantmiri
- телевизор — a telefisi
- гул — a bromki
- ёстиқ — a kunsu
- диван — a sturu
- гулдон — a bromkipatu
- масофадан бошқариш пульти — a afstandbediening

гилам
a matamata

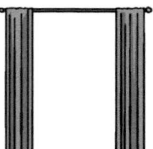

парда
a garden

стол
a tafra

стул
a sturu

тебранма курси
a boboisturu

кресло
a sturu

китоб
a buku

кўрпа
a tapun

ҳашам
a pranpran

ўтин
a udu

кино
a kino

стерео қурилма
a stereo-installatie

калит
a sroto

рўзнома
a koranti

расм
a skedrei

плакат
a poster

радио
a konkrudosu

ён дафтар
a skrifi buku

чанг ютгич
a stofsuiger

кактус
a kaktus

шам
a kandra

меҳмонхона - a foroisi

ошхона
a botrali

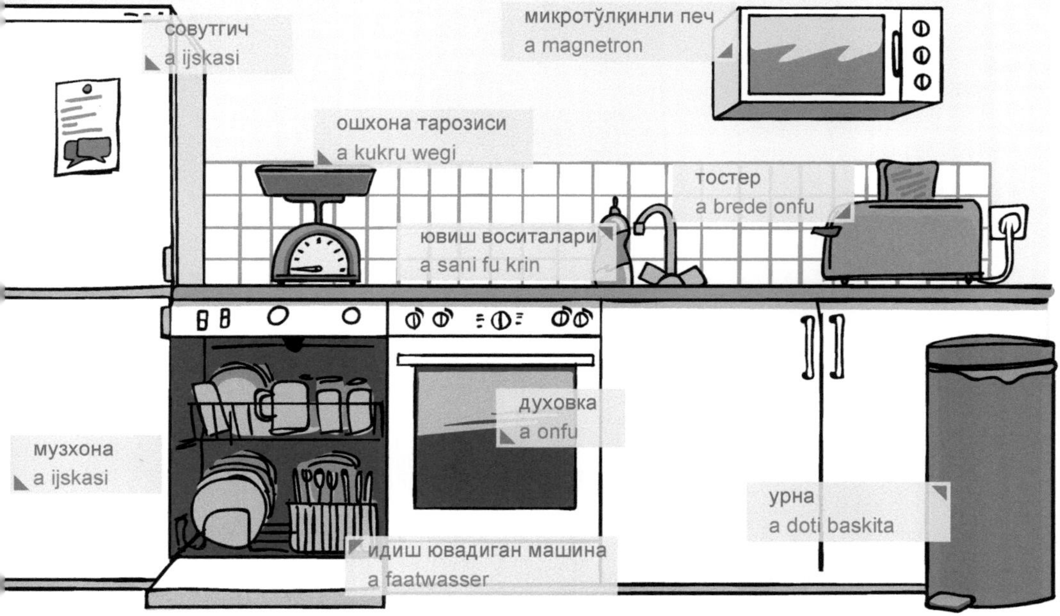

- совутгич — a ijskasi
- микротўлқинли печ — a magnetron
- ошхона тарозиси — a kukru wegi
- ювиш воситалари — a sani fu krin
- тостер — a brede onfu
- мухзона — a ijskasi
- духовка — a onfu
- урна — a doti baskita
- идиш ювадиган машина — a faatwasser

плита
a onfu

кастрюль
a patu

чўян қозон
a isri patu

бўртма тубли това
a wok / kadai

това
a pan

човгун
a ketre

ошхона - a botrali

мантиқасқон
a dampupatu

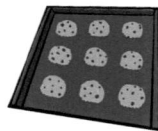
тунука това
a baka preti

идиш
den tafra-sani

кружка
a kan

коса
a koba

таом ейиш таёқчалари
den nyantiki

чўмич
a supu spun

куракча
a spatel

кўпиртиргич
a klutser

элак
a fergiet

элак
a dorodoro

қирғич
a gritigriti

ҳовонча
a mortier

гриль
a barbakoto

олов
a faya presi

ошхона - a botrali

оштахта

a koti planga

жува

a blon lolo

пармасимон тиқин очгич

a korkutreki

консерва

a tromu

консерва очгич

a knefi fu opo blik

тутгич

a patu duku

унитаз

a wasibaki

идиш чўтка

a bosro

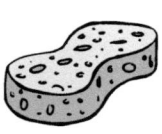

қозонсочиқ

a sponsu

қориштиргич

a blender

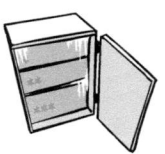

музлатгич

a ijskasi

сўрғичли чақалоқ бутилкаси

a beibi batra

кран

a kran

ошхона - a botrali 37

ваннахона
a was oso

- иситиш тизими / a faya
- душ / a douche
- сочиқ / a wasduku
- дарпарда / a douche garden
- кўпикли ванна / a bubbel wasi
- ванна / a badkuip
- стакан / a grasi
- кир ювиш машинаси / a wasmasyin
- кафель / den tegel
- кран / a kran
- тувак / a pisi patu
- унитаз / a wasibaki

ҳожатхона

a kumakoisi

полга ўрнатиладиган унитаз

a kumakoisi

таҳоратдон

a bidet

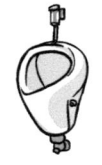

сийдик унитази

a pisi presi

ҳожатхона қоғози

a kumakoisi papira

ҳожатхона чўткаси

a kumakoisi bosro

тиш чўтка

a tifi bosro

тиш пастаси

a tandpasta

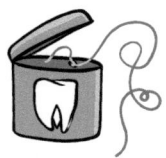

тиш тозалагич ип

a floss

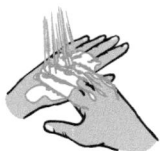

ювмоқ

wasi

дастакли душ

a douche

таҳорат учун душ

a kumakoisi douche

тоғора

a was koba

елка қашлайдиган чўтка

a baka bosro

совун

a sopo

душ учун гель

a douchegel

шампунь

a sopo

мочалка

a was krosi

қувур

a afvoer

крем

a krème

дезодарант

a okselstik

ваннахона - a was oso

кўзгу
a spikri

қўл кўзгуси
a moimoi fu fesi spikri

устара
a sebinefi

устара учун кўпик
a sebiskuma

салқинлантирувчи бальзам
a aftershave

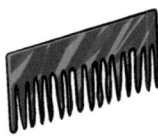

тароқ
a kankan

чўтка
a bosro

фен
a wiri drei masyin

соч учун лак
a wirispray

пардоз-андоз
a moimoi fu fesi

лаб учун помада
a lippenstift

тирноқ лаки
a nangra ferfi

пахта
den katun

тирноқ қайчиси
a nangra sey

духи
a switi smeri

ваннахона - a was oso

пардоз-андоз халтаси
a tas gi krin sani

курси
a kroku

тарози
a wegi

чўмилиш халати
a was dyaki

резина қўлқоп
den handschoen fu krin

тампон
a tampon

гигиеник таглик
a munduku

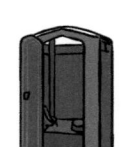
биоҳожатхона
a kumakoisi

ваннахона - a was oso

болалар хонаси
a pikin kamra

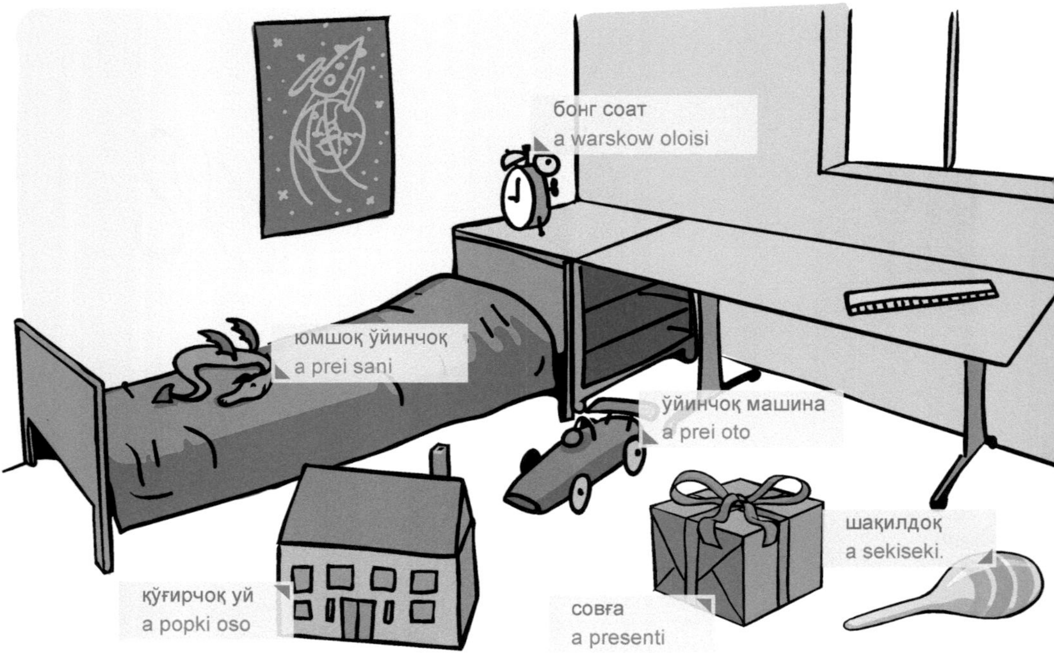

бонг соат
a warskow oloisi

юмшоқ ўйинчоқ
a prei sani

ўйинчоқ машина
a prei oto

шақилдоқ
a sekiseki.

қўғирчоқ уй
a popki oso

совға
a presenti

шар
a ballon

кроват
a bedi

болалар аравачаси
a beibiwagi

карта тўплами
a paki karta

терма тасвир
a laytori

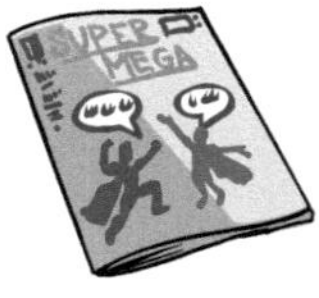

кулгили саҳна асари
a strip torie

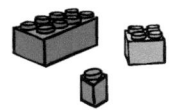

лего ғиштлари

den lego ston

ўйинчоқ кубиклар

den prei sani

ўйинчоқ қаҳрамон

a aktiefiguurtje

ползунка

a beibikrosi

учар ликопча

a frisbee

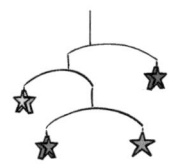

осма шақилдоқ

a mobile

стол ўйини

a prei tapu bord

ошиқ

a prei ston

поезд макети

a prei sani loko

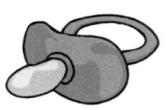

сўрғич

a bobimofo

ўтириш

a fesa

расмли китоб

a prenki buku

копток

a bal

қўғирчоқ

a popki

ўйнамоқ

prei

болалар хонаси - a pikin kamra

қумдон

a santi baki

арғимчоқ

a boboisturu

ўйинчоқлар

den preisani

ўйин приставкаси

a prei komputer

уч ғилдиракли велосипед

a baysigri

бахмал айиқ

a prei sani

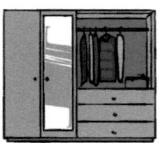

кийим шкафи

a krosikasi

кийим
a krosi

пайпоқ

den kowsu

чулки

den kowsu

колготка

a kowsu

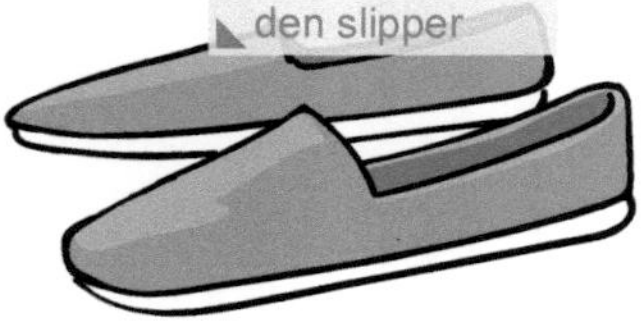

шарф
a sjaal

соябон
a prasoro

футболка
a bosroko

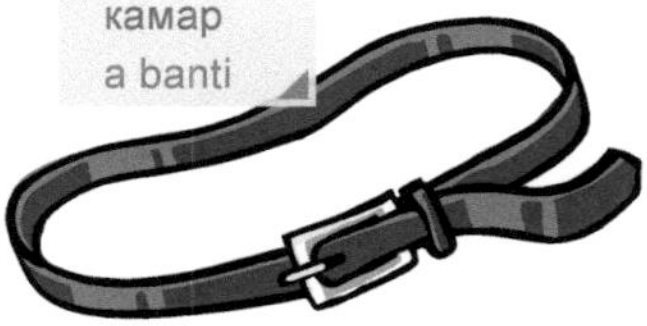

камар
a banti

ботинка
a buta

тапочка
den slipper

кроссовка
den pata

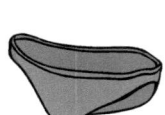

шиппак
den susu

туфли
den susu

резина этик
a buta

тор турсик
a jockey

кўкракпеч
a bh

майка
a kamsoro

кийим - a krosi

боди
a skin

иштон
a bruku

жинси
a jeansbruku

юбка
a koto

кофта
a blus

кўйлак
a empi

жемпер
a empi

узун чакмон
a dyaki

спорт бичимидаги пиджак
a djakti

куртка
a dyakti

пальто
a alendyakti

плаш
a alendyakti

либос
a paki

кўйлак
a yapon

келин кўйлак
a trowyapon

кийим - a krosi

костюм шим

a paki

тунги кўйлак

a sribikrosi

пижама

a sribikrosi

сари

a sari

шолрўмол

a angisa

салла

a tulband

паранжи

a burka

чакмон

a kaftan

абая

a abaya

чўмилиш костюми

a swenkrosi

турсик

a swenbruku

шортик

a syatu bruku

спорт костюми

a training paki

фартук

a feskoki

қўлқоп

a handschoen

кийим - a krosi

тугма
a knopo

кўзойнак
a aygrasi

билагузук
a anubuy

мунчоқ
a keti

узук
a linga

сирға
a yesilinga

кепка
a ati

пальто илгак
a krosi anga

шляпа
a ati

бўйинбоғ
a tay

замок
a rits

дубулға
a feti musu

шим тортгич
a bretel

мактаб формаси
a sem skoro krosi

форма
a sem krosi

ошхўрак
a slabbetje

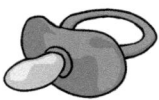
сўрғич
a bobimofo

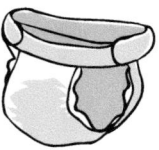
таглик
a pisiduku

идора
a kantoro

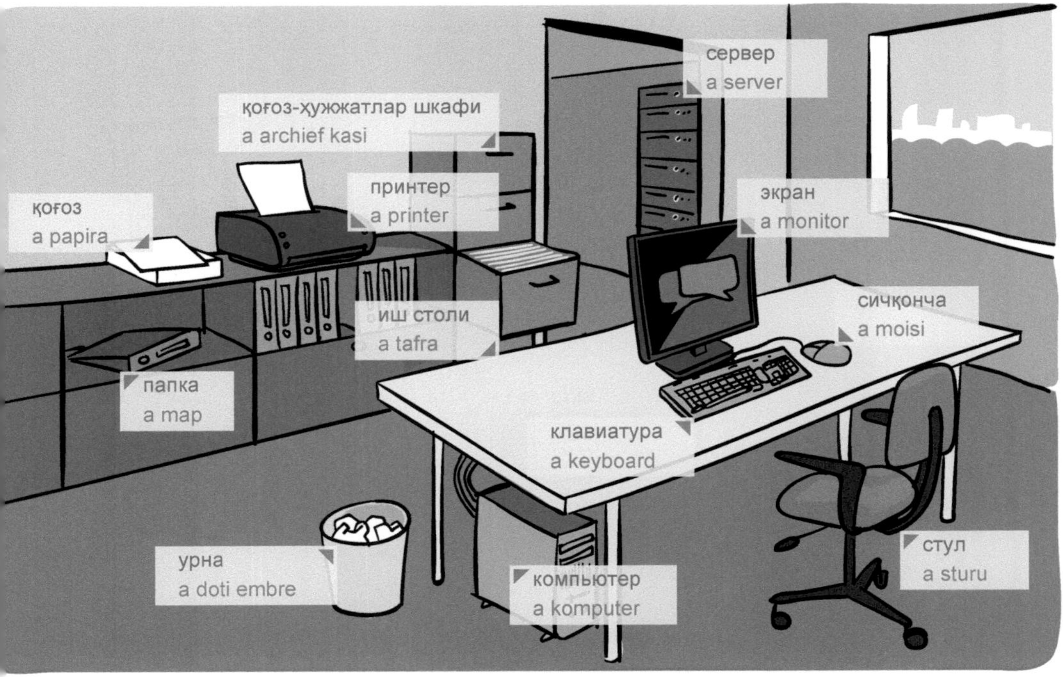

- сервер — a server
- қоғоз-ҳужжатлар шкафи — a archief kasi
- принтер — a printer
- экран — a monitor
- қоғоз — a papira
- иш столи — a tafra
- сичқонча — a moisi
- папка — a map
- клавиатура — a keyboard
- урна — a doti embre
- компьютер — a komputer
- стул — a sturu

кофе кружкаси
a kofi kan

калькулятор
a kalkulator

интернет
a internet

ноутбук	хат	мактуб
a laptop	a brifi	a boskopu

уяли телефон	тармоқ	нусха кўчиргич
a konkrutitei	a neti	a kopi masyin

дастур	телефон	розетка
a software	a konkrutitei	a stopkontakt

 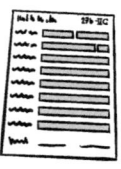 

факс	шакллар	ҳужжат
a fax masyin	a formulier	a papira

идора - a kantoro

иқтисод
a ekonomia

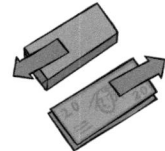  

харид қилмоқ — тўламоқ — савдолашмоқ
bai — pai — du

пул — доллар — евро
a moni — a dollar — a euro

йен — рубль — швейцар франки
a yen — a rubel — a frank

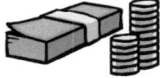  

Жэньминьби хитой юани — рупи — банкомат
a renminbi yuan — a rupie — a monimasyin

пул айирбошлаш шаҳобчаси
a kenki kantoro

олтин
a gowtu

кумуш
a solfru

нефт
a oli

энергия
a krakti

нарх
a prijs

шартнома
a kontrakti

солиқ
a lantimoni

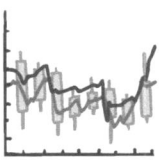
акция
a pisi

ишламоқ
wroko

ишчи
a wrokoman

иш берувчи
a wrokobasi

завод
a fabrik

дўкон
a wenkri

иқтисод - a ekonomia

касблар
den kari

полициячи — a skowtu

ўт ўчирувчи — a brandweerman

ошпаз — a boriman

шифокор — a datra

учувчи — a piloot

боғбон

a djariman

дурадгор

a temreman

тикувчи

a modist

ҳакам

a krutubasi

кимёгар

a scheikunde sma

актёр

a akteur

автобус ҳайдовчиси

a bus sjafeur

такси ҳайдовчи

a taximan

балиқчи

a fisiman

фаррош

a krinsma

том устаси

a dakitapu man

официант

a diniman

овчи

a ontiman

бўёқчи

a ferfiman

нонвой

a bakriman

электр устаси

a elektrikman

қурувчи

a bow-wroko man

муҳандис

a ensjinoru

қассоб

a sraktiman

сувчи чилангар

a loodgieter

почтачи

a postbode

54   касблар - den kari

аскар
a srudati

меъмор
a architekt

ғазначи
a kasman

гулчи
a bromkisma

сартарош
a seti sma wiri man

чиптачи
a kondukteur

механик
a monteur

капитан
a kapten

тиш шифокори
a tifidatra

олим
a sabiman

яхудийлар руҳонийси
a Dyu domri

имом
a Moslim domri

роҳиб
a moniki

руҳоний
a priester

касблар - den kari

асбоблар
a wrokosani

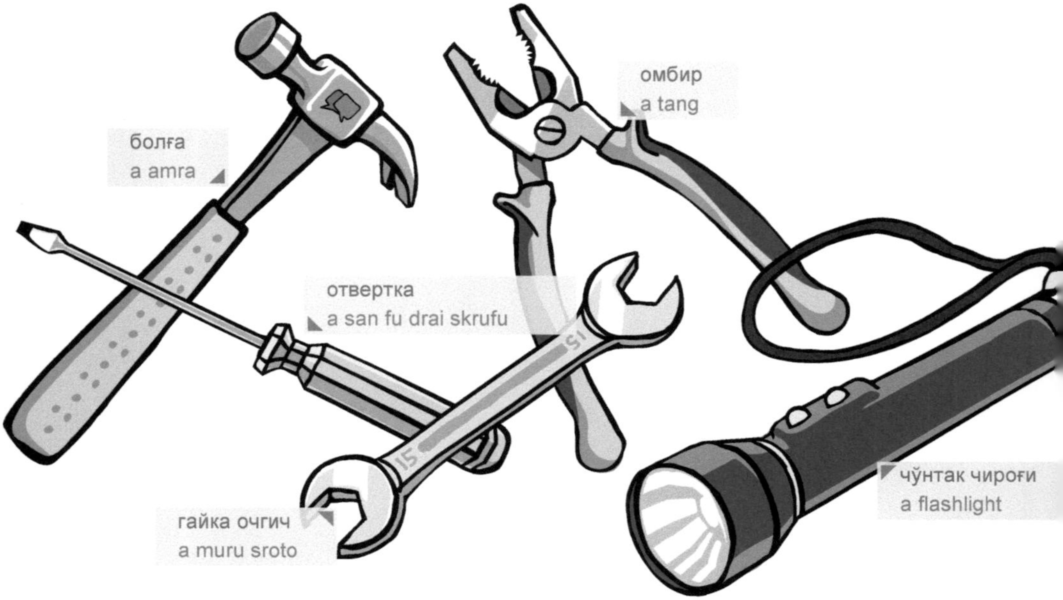

болға
a amra

омбир
a tang

отвертка
a san fu drai skrufu

гайка очгич
a muru sroto

чўнтак чироғи
a flashlight

экскаватор
a dikimasyin

асбоблар қутиси
a wrokosani kisi

нарвон
a trapu

қўларра
a sa

мих
den spikri

пармадаста
a boro

асбоблар - a wrokosani

тузатмоқ
meki

белкурак
a skepi

Жин урсин!
Baya!

хокандоз
a stofblik

бўёқ идиш
a ferfi patu

бурама мих
den skrufu

мусиқа асбоблари
den poku sani

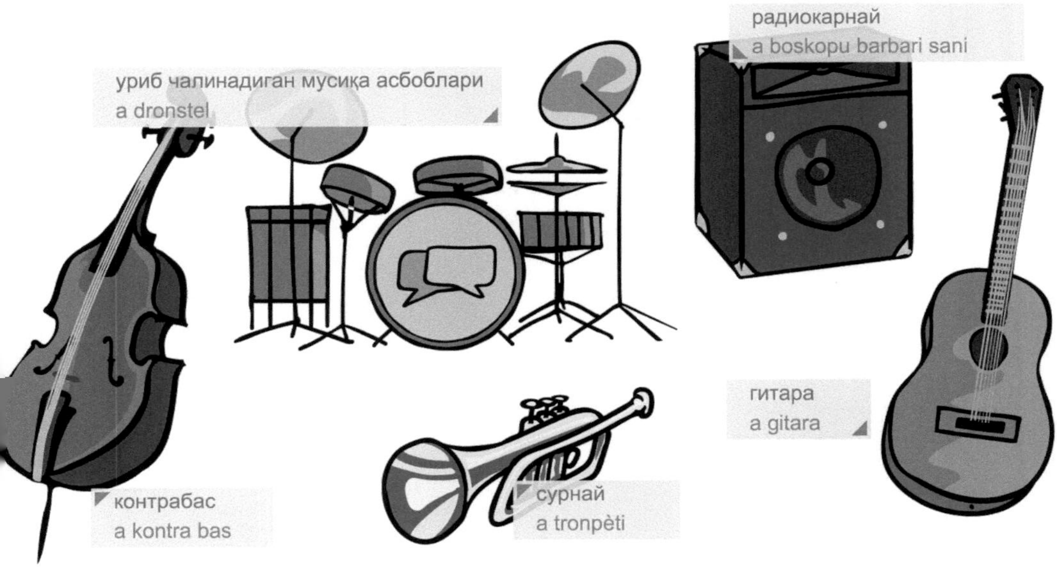

радиокарнай
a boskopu barbari sani

уриб чалинадиган мусиқа асбоблари
a dronstel

гитара
a gitara

контрабас
a kontra bas

сурнай
a tronpèti

пианино
a piano

ғижжак
a finyoro

бас-гитара
a bas

қўшноғора
a pauk

дўмбира
a dron

клавиатура
a keyboard

саксофон
a saxofon

най
a froiti

микрофон
a mikrofon

мусиқа асбоблари - den poku sani

ҳайвонот боғи
a meti dyari

арслон		кириш
a tigri		a mofodoro
қафас		
a pen		
зебра	ем	панда
a sabanaburiki	a meti nyan	a panda

ҳайвонлар
den meti

фил
a asaw

кенгуру
a kangeru

каркидон
a neushoorn

горилла
a gorilla

айиқ
a beer

туя

a kameri

туяқуш

a stroisifowru

шер

a lew

маймун

a monki

фламинго

a korikori

тўти

a popokai

оқ айиқ

a ijsbeer

пингвин

a pinguïn

акула

a sarki

товус

a prodokaka

илон

a sneki

тимсоҳ

a kaiman

ҳайвонот боғи қоровули

a sma san e sorgu meti

тюлень

a sedagu

ягуар

a penitigri

ҳайвонот боғи - a meti dyari

тўпичоқ от
a pikin asi

қоплон
a penitigri

бегемот
a watrabofru

жирафа
a giraf

бургут
a aka

эркак чўчқа
a werder agu

балиқ
a fisi

тошбақа
a sekrepatu

морж
a walrus

тулки
a sabanadagu

оху
a dia

ҳайвонот боғи - a meti dyari

машғулот
den aktifiteit

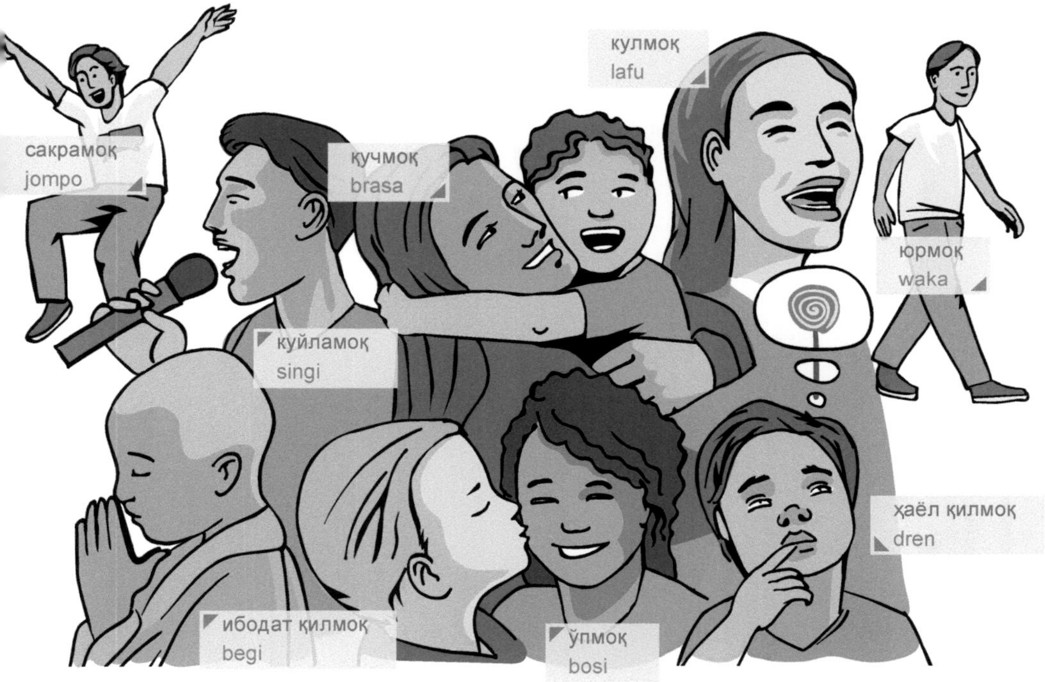

- сакрамоқ — jompo
- кулмоқ — lafu
- қучмоқ — brasa
- юрмоқ — waka
- куйламоқ — singi
- ҳаёл қилмоқ — dren
- ибодат қилмоқ — begi
- ўпмоқ — bosi

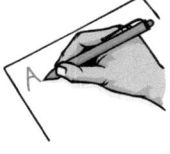

ёзмоқ
skrifi

чизмоқ
hari

кўрсатмоқ
sori

итармоқ
pusu

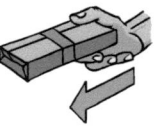

бермоқ
gi

олмоқ
teki

эга бўлмоқ
abi

бажармоқ
dati

бўлмоқ
de

турмоқ
tnapu

югурмоқ
lon

тортмоқ
hari

улоқтирмоқ
trowe

йиқилмоқ
fadon

алдамоқ
lei

кутмоқ
wakti

ташимоқ
tyari

ўтирмоқ
sidon

кийинмоқ
weri

ухламоқ
sribi

уйғонмоқ
wiki

машғулот - den aktifiteit

қарамоқ
luku

йиғламоқ
krei

зарба бермоқ
korikori

тарамоқ
kan

гаплашмоқ
taki

тушунмоқ
ferstan

сўрамоқ
aksi

тингламоқ
arki

ичмоқ
dringi

емоқ
nyanyan

йиғиштирмоқ
krin

севмоқ
lobi

пиширмоқ
bori

ҳайдамоқ
rei

учмоқ
frei

машғулот - den aktifiteit

кемада сузмоқ
seiri

ҳисобламоқ
teri

ўқимоқ
lesi

ўрганмоқ
leri

ишламоқ
wroko

турмуш қурмоқ
trow

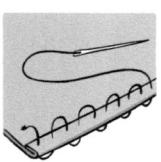

тикмоқ
nai

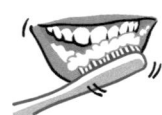

тиш ювмоқ
krintifi

ўлдирмоқ
kiri

чекмоқ
smoko

йўлламоқ
seni

оила
a famiri

буви / a granmama
бува / a granpapa
ота / a papa
она / a mama
чақалоқ / a beibi
қиз / a umapikin
ўғил / a manpikin

меҳмон
a fisiti

амма
a tanta

тоға
a omu

ака
a brada

опа
a sisa

тана
a skin

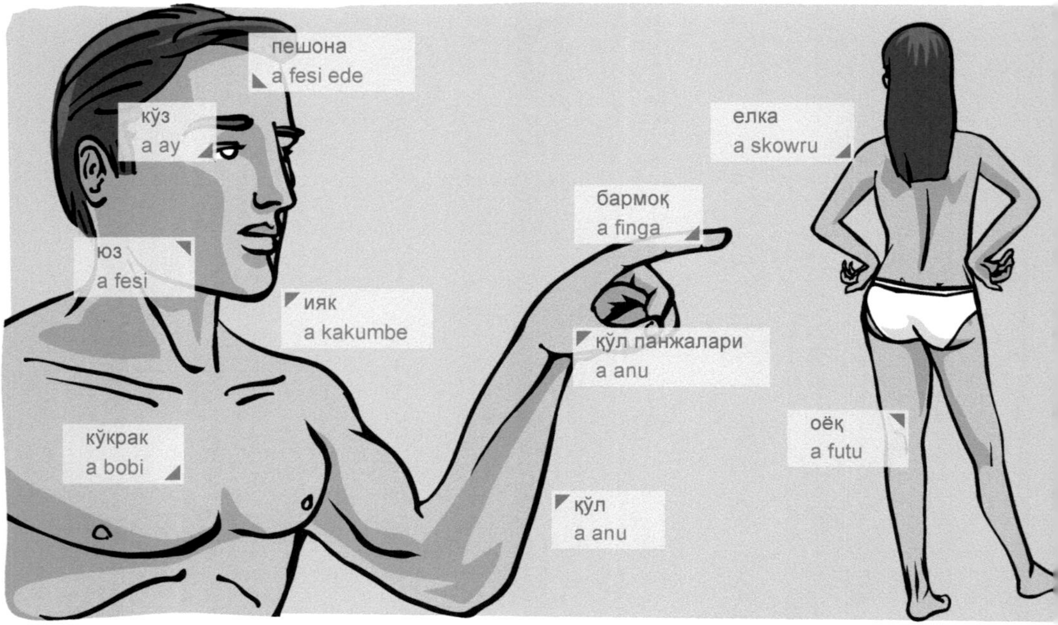

пешона
a fesi ede

кўз
a ay

елка
a skowru

бармоқ
a finga

юз
a fesi

ияк
a kakumbe

қўл панжалари
a anu

кўкрак
a bobi

оёқ
a futu

қўл
a anu

чақалоқ
a beibi

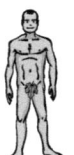

одам
a man

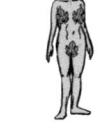

аёл
a uma

қиз бола
a uma pikin

ўғил бола
a boi

бош
a ede

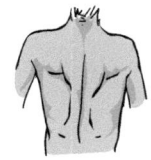

орқа
a baka

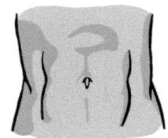

қорин
a bere

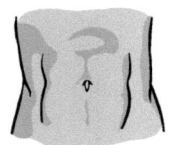

киндик
a kumba

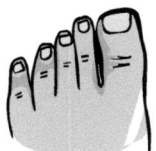

оёқ панжаси
a futufinga

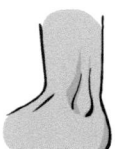

товон
a bakafutu

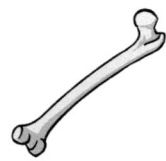

суяк
a bonyo

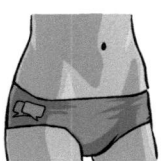

бел
a djonku

тизза
a kindi

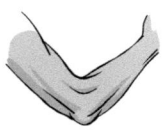

тирсак
a baka anu

бурун
a noso

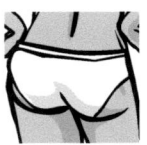

думба
a bakasei

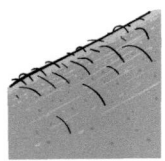

тери
a skin

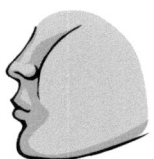

яноқ
a seifesi

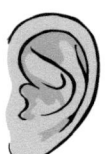

қулоқ
a yesi

лаб
den mofobuba

тана - a skin

оғиз
a mofo

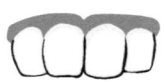

тиш
a tifi

тил
a tongo

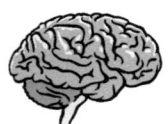

мия
a ede tonton

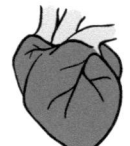

юрак
a ati

мушак
a titei

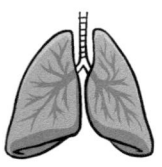

ўпка
a fokofoko

жигар
a lefre

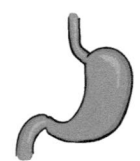

ошқозон
a bere

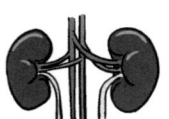

буйрак
den niri

жинсий алоқа
a freiri

презерватив
a pipikowsu

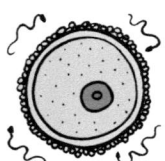

тухум ҳўжайра
a eksi

уруғ
a siri

ҳомиладорлик
a bere

тана - a skin

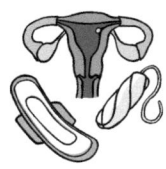
ҳайз
a munsiki

бачадон
a umapresi

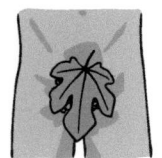
олат
a toli

қош
a tapu-ay-wiwiri

соч
a wiwiri

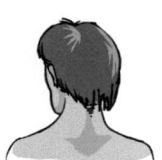
бўйин
a neki

тана - a skin

шифохона
a ati oso

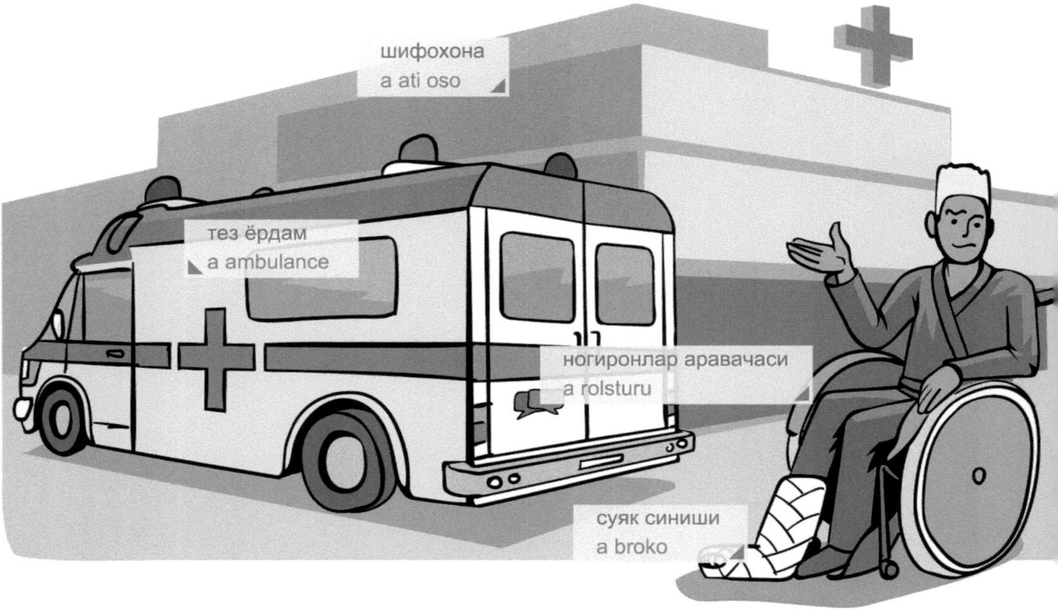

- шифохона / a ati oso
- тез ёрдам / a ambulance
- ногиронлар аравачаси / a rolsturu
- суяк синиши / a broko

шифокор

a datra

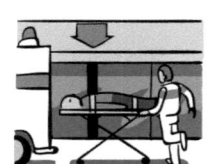

Шошилинч тиббий ёрдам кўрсатиш бўлими

a EHBO

ҳамшира

a suster

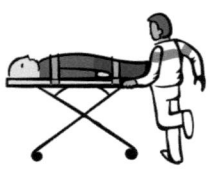

тез ёрдам

a nowtu

ҳушсизлик

flaw

оғриқ

a pen

жароҳат
a soro

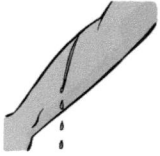
қонаш
a brudu

юрак хуружи
a ati siki

инсульт
a bururtu

аллергия
a trefu

йўтал
koso

иситма
a kortsu

тумов
a griep

ич кетиш
a lusu bere

бош оғриғи
a ede-ati

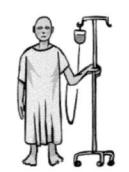
саратон касали
a takrusiki

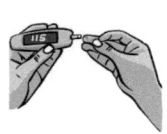
қандли диабет
a sukru

жарроҳ
a chirurg

жарроҳ пичоғи
a skalpel

жарроҳлик амалиёти
a operâsi

шифохона - a ati oso

томография
a CT

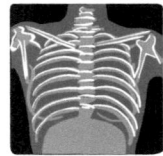
рентген
a röntgen

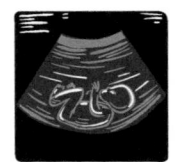
ултратовуш текшируви
a echo

юз ниқоби
a fesi maskradu

касаллик
a siki

қабулхона
a wakti kamra

қўлтиқтаёқ
a kroku

малҳамли пластир
a duku

бинт
a duku

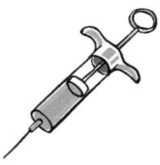
укол
a spoiti

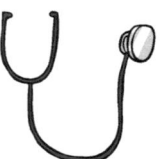
юрак урушини ва ўпкани эшитиб кўрадиган асбоб
a stethoskoop

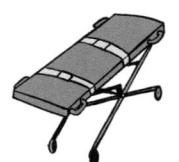
беморлар учун замбил
a brandkard

термометр
a temperatuur marki

туғруқ
a gebore

семизлик
a fatu

шифохона - a ati oso

эшитиш мосламаси
a masyin fu yere

дезинфекцияловчи восита
a sani fu krin

инфекция
a dyomposiki

вирус
a firus

ОИВ / ОИТС
a HIV / AIDS

дори
a dresi

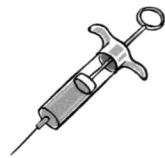
эмлаш
a faksinasi

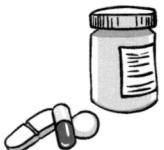
таблетка
den perki

дори
a perki

тез ёрдам қўнғироғи
a nowtu nomru

қон босимини ўлчаш асбоби
a brudu marki

касал / соғлом
siki / gesontu

шифохона - a ati oso

75

тез ёрдам
a nowtu

Ёрдам беринглар!
Yepi!

хавф-хатар ишораси
a warskow

тажовуз
a feti

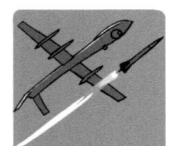
ҳужум
a feti

хавф
a ogri

фавқулодда ҳолатларда чиқиш эшиги
a nowtu doro

Ёнғин!
Faya!

ўт ўчиргич
a fayakiri sani

фалокат
a mankeri

биринчи тиббий ёрдам тўплами
a EHBO-kofru

фалокат сигнали
SOS

полиция
a skowtu

Ер
a grontapu

Европа

Bakrakondre

Шимолий Америка

Opo-Amerkan

Жанубий Америка

Suid-Amerkan

Африка

Afrika

Осиё

Asi

Австралия

Australia

Атлантик океани

a Atlantis Se

Тинч океани

a Tan tiri Se

Ҳинд океани

a Indisch Se

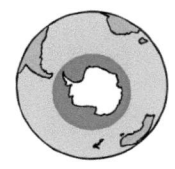

Антарктида океани

a Suidsei Se

Арктика океани

a Noordsei Se

Шимолий қутб

a Noordsei

Жанубий қутб	Антарктика	Ер
a Suidsei	Antartika	a grontapu

ўлка	денгиз	орол
a kondre	a se	a eilanti

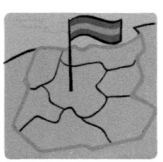 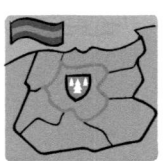

миллат	давлат
a nâsi	a lanti

соат
oloisi

астрономик вақт кўрсатгичи
a oloisi fesi

соат мили
a yuru sori

дақиқа мили
a miniti sori

сония мили
a sekonde sori

Соат неча?
O lati a de?

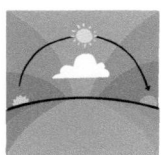

кун
a dey

вақт
a ten

ҳозир
now

рақамли соат
a oloisi

дақиқа
a miniti

соат
a yuru

хафта
a wiki

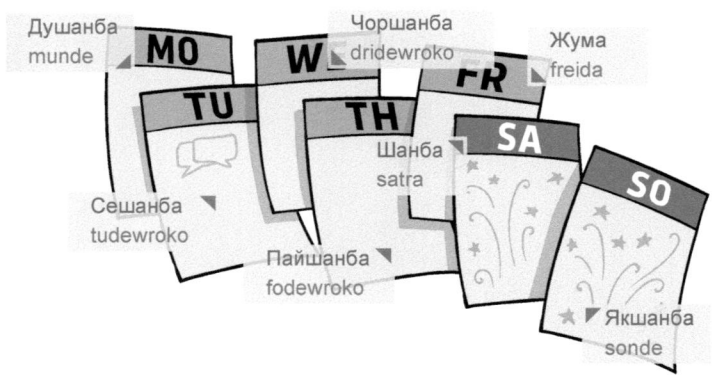

кеча
esde

бугун
tide

эртага
tamara

эрталаб
a mamanten

пешин
a bakadina

кечқурун
a neti

иш кунлари
den wrokodei

дам олиш кунлари
a weekend

йил

a yari

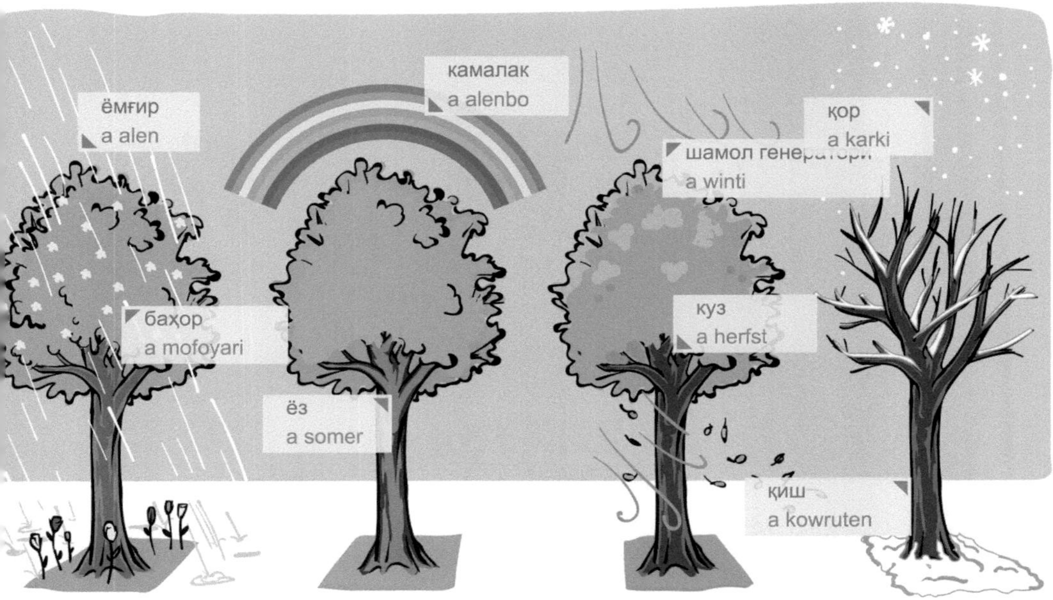

камалак
a alenbo
ёмғир
a alen
қор
a karki
шамол генератори
a winti
баҳор
a mofoyari
куз
a herfst
ёз
a somer
қиш
a kowruten

4.APRIL 11°
5.APRIL 4°
6.APRIL 13°
7.APRIL 8°
8.APRIL 10°

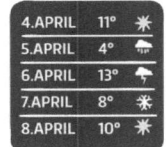

об-ҳаво маълумоти

a taki fu a weer

F
C
120
90
60
30
0
-30
40
30
20
10
0
-10
-20

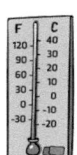

термометр

a thermometer

қуёшли

a skèin fu a son

булут

a wolku

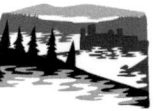

туман

a dow

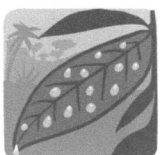

намгарчилик

a loktu foktu

чақмоқ
a faya

момоқалдироқ
a dondru

бўрон
a sekiwatra

дўл
a agra

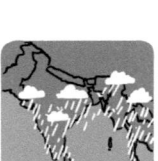
намгарчилик мавсуми
a bigi skwala

тошқин
a frudu

муз
a èisi

Январь
januari

Февраль
februari

Март
maart

Апрель
april

Май
mei

Июнь
juni

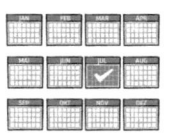
Июль
juli

Август
augustus

йил - a yari

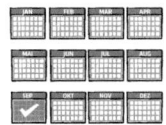
Сентябрь
september

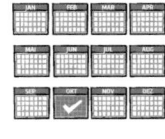
Октябрь
oktober

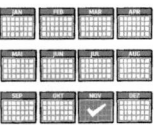
Ноябрь
nofember

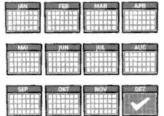
Декабрь
december

шакллар
den form

айлана
a lontu

квадрат
a fokanti

тўртбурчак
a fokanti naga langa sei

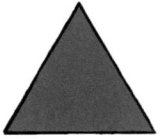
учбурчак
a dri-uku

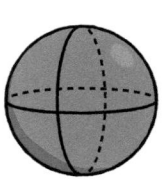
доира
a lontu

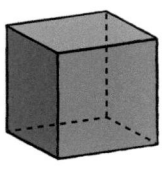
куб
a kubus

ранглар
kloru

 оқ / witi

 сариқ / geri

 сабзи ранг / alanya

 пушти / ròs

 қизил / redi

 тўқ қизил / lila

 кўк / blaw

 яшил / grun

 жигар ранг / broin

 кул ранг / grei

 қора / blaka

қарама-қарши маъноли сўзлар
difrenti

кўп / оз
tumsi / wanwan

ғазабли / хотиржам
atibron / tiri

гўзал / хунук
moi / takru

боши / охири
begin / kba

катта / кичик
bigi / ptyin

ёруғ / қоронғу
lekti / dungru

ака / сингил
brada / sisa

тоза / ифлос
krin / doti

тўлиқ / чала
krinkrin / no bun nofo

кун / тун
dei / neti

ўлик / тирик
dede / libi

кенг / тор
bradi / smara

еса бўладиган / еса бўлмайдиган

kan nyan / no kan nyan

ёвуз / хайрли

takru / bun

ҳаяжонли / зерикарли

prisiri / ferferi

семиз / озғин

fatu / fini

биринчи / охирги

fosi / lasti

дўст / душман

mati / feyanti

тўла / бўш

furu / leigi

қаттиқ / юмшоқ

tranga / safu

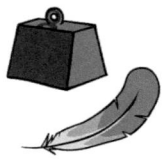

оғир / енгил

hebi / lekti

очлик / чанқов

angri / dreineki

касал / соғлом

siki / gesontu

ноқонуний / қонуний

no gi pasi / tru

зиёли / калтафаҳм

koni / don

чап / ўнг

kruktu / leti

яқин / узоқ

gi / fara

қарама-қарши маъноли сўзлар - difrenti

янги / ишлатилган

nyun / owru

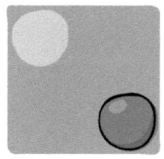

ҳеч нарса / бир нарса

noti / wan sani

қари / ёш

owru / jongu

ёниқ / ўчиқ

leti / tapu

очиқ / ёпиқ

opo / tapu

паст / баланд

safu / tranga

бой / камбағал

gudu / poti

тўғри / нотўғри

bun / fowtu

нотекис / текис

grofu / grati

хафа / хурсанд

sari / breiti

қисқа / узун

shatu / langa

секин / тез

loli / esi esi

нам / қуруқ

nati / drei

илиқ / салқин

warang / kowru

уруш / тинчлик

feti / freide

қарама-қарши маъноли сўзлар - difrenti

рақамлар
den nomru

0 ноль — noti

1 бир — wan

2 икки — tu

3 уч — dri

4 тўрт — fo

5 беш — feifi

6 олти — siksi

7 етти — seibi

8 саккиз — aiti

9 тўққиз — neigi

10 ўн — tin

11 ўн бир — erfu

12
ўн икки
twarfu

13
ўн уч
tin-na-dri

14
ўн тўрт
tin-na-fo

15
ўн беш
tin-na-feifi

16
ўн олти
tin-na-siksi

17
ўн етти
tin-na-seibi

18
ўн саккиз
tin-na-aiti

19
ўн тўққиз
tin-na-neigi

20
йигирма
twenti

100
юз
hondru

1.000
минг
dusun

1.000.000
миллион
milyun

рақамлар - den nomru

тиллар
den tongo

Инглиз

Ingristongo

Америкача инглиз тили

Amerkan Ingristongo

Хитой тилининг Мандарин лаҳчаси

Sneisi Mandarijntongo

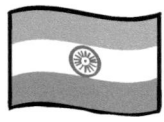

Ҳинд

Hinditongo

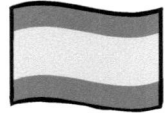

Испан

Spanyoro

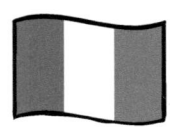

Француз

Frans

Араб

Arabiatongo

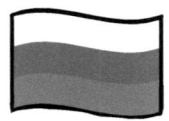

Рус

Rusitongo

Португал

Potogisi

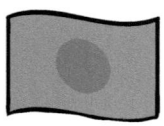

Бенгал

Bengalitongo

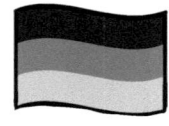

Немис

Doisritongo

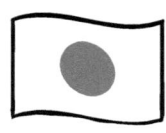

Япон

Japantongo

ким / нима / қандай
suma / sang / fa

Мен
mi

Сен
yu

у / у / у
en / en / en

биз
unu

сизлар
yu

улар
den

ким?
suma?

нима?
san?

қандай?
fa?

қаерда?
pe?

қачон?
oten?

исм
a nen

қаерда
pe

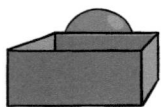

орқада
baka

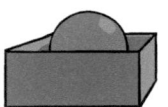

ичида
ini

олдида
fesi

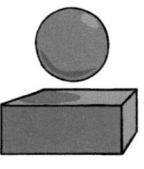

узра
abra

устида
tapu

тагида
ondro

ёнида
na sei

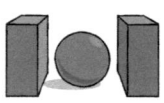

ўртасида
mindri

жой
presi